VICTOR FOCILLON

A ma mère bien-aimée,
en mémoire de notre bon ami,
de mon maître, de mon père chéri,
qui vit toujours, près de nous,
et en nous,
avec toute la tendresse de son enfant
Henri

VICTOR FOCILLON

1849 — 1918

" Extrait de l'Annuaire de la Société des Aquafortistes Français, 1927 "

Exemplaire N° 1

Léon Félix pinx. 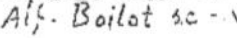 Alf. Boilot sc.

[illegible]

[illegible]

[illegible]

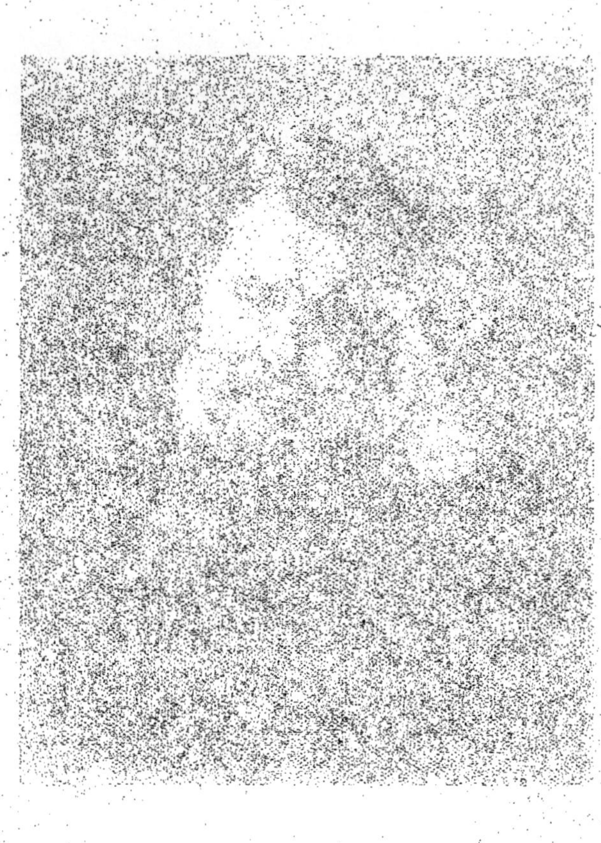

Victor Focillon

1849 — 1918

Le recul du temps et l'ombre de la mort n'effacent que les figures qui ont à peine vécu. Il est au contraire des vies riches et pleines qui nous demeurent toutes présentes lorsqu'elles nous ont quittés. Notre amitié pour elles est faite de la constance de notre souvenir, mais aussi, comme naguère, de leur chaleur qui ne s'éteint pas. C'est le privilège des âmes énergiques de se continuer ainsi et de rayonner secrètement. Les commémorer, ce n'est pas les arracher à l'oubli, mais converser une fois encore avec elles. C'est ce qu'ont pensé les aquafortistes français ; ils ont voulu honorer leur président et en même temps revoir leur ami. C'est pourquoi ils ont demandé au fils de leur parler de son père : j'en suis profondément touché. Ces sentiments si vifs, leur fidélité, notre attachement, et aussi la même manière que nous avons d'aimer les mêmes souvenirs, raniment pour moi, avec une force étrange, tout le passé. Il y a dans cette illusion je ne sais quel charme qui se mêle au chagrin. Mais est-ce une illusion tout-à-fait ? Ceux qui suscitèrent de grandes affections sont des absents, non pas des disparus.

Ce beau portrait est une juste, une éloquente image de mon père, dans la plénitude de la cinquantaine. Il y en a d'autres, un dessin de René Ménard, d'un exquis sentiment de jeunesse, et une médaille d'Ovide Yencesse, de la vivacité la plus spirituelle. L'œuvre de Léon Félix m'est particulièrement chère et je remercie mes amis de l'avoir choisie, comme je remercie M. Boilot de l'avoir si bien gravée. Ce portrait, je l'ai vu peindre, je crois encore entendre les propos qui s'échangeaient entre l'artiste et son modèle. Félix est un des plus savants et des plus sensibles parmi les maîtres d'aujourd'hui, un de ces grands portraitistes français qui font intervenir dans l'étude de l'homme, non seulement l'observation et l'analyse, toutes les ressources de la méthode intellectuelle jointes à la plus substantielle qualité de métier, mais l'émotion, la divination, la sympathie et toutes ces vertus pour lesquelles je ne trouve pas d'autre terme que celui d'amitié. Il n'était pas possible de mieux sentir et de mieux suggérer ce double trait moral, si caractéristique chez les Français du dix-neuvième siècle, dans l'ordre supérieur, — l'esprit et la gravité. L'esprit, il se révèle autant par la qualité des plans, par les facettes du modelé, par les accents, que par ce fin regard et par le dessin de la bouche. Mais l'homme qui est là, la tête appuyée sur sa main, le front touché d'une lumière paisible et sérieuse, avec une expression méditative, le visage baigné de la caressante enveloppe de l'ombre, n'est pas un improvisateur ou un dilettante. Il est sensible, mais il est ferme ; il a la verve et la flamme, mais aussi l'attention réfléchie, le recueillement et cette grande patience des forts qui donne à l'existence son unité de ton, à une œuvre sa continuité. C'est la même qualité *intérieure* que celle des artistes, des poètes et des musiciens peints par Fantin-Latour une génération plus tôt, et le modèle est de la même race.

Il sortait d'une vieille famille de Bourgogne. Nul doute que cette terre généreuse lui ait fait part de quelques uns de ses dons. Dijon, depuis longtemps cité, capitale, milieu d'urbanité accomplie, patrie de beaux esprits et de grands esprits, bénéficie encore de je ne sais quel privilège rustique ; elle tient de très près à la terre qui lui donne sa richesse, ses vins, et surtout les fortes et charmantes vertus de ses fils, leur amitié pour l'homme, leur rectitude dans l'art de vivre, leur intégrité, leur verve à la fois ailée et solide, enfin cette naturelle éloquence, si différente à la fois de la fantaisie de Paris et de la faconde méridionale. C'est de ces belles diversités que la France est faite, chacune de ces nuances a son prix, mais il est permis de chérir avec prédilection celles qui se peignent le mieux chez l'homme et dans la lignée qui vous ont fait. Mon père resta toujours très attaché à ses origines, à sa ville, à sa province. Il en aimait les habitants et les paysages, il s'y reconnaissait. De grands voyages en France ne lui en avaient pas fait perdre le goût, bien au contraire. Comme beaucoup d'artistes recueillis, comme la plupart des paysagistes de son siècle, il se sentait moins porté vers les singularités ou les magnificences de la nature que vers l'intimité de la campagne. La Bourgogne lui en avait d'abord proposé l'exemple et le modèle. Longtemps chaque été l'y ramena. Comme peintre, c'est elle qui l'a le mieux inspiré. Les profils modérés de la Côte d'Or, les beaux vallons pleins de feuillages et d'eaux vives lui étaient chers, comme les vieilles bourgades silencieuses assises au sommet de leur rocher, habitées par de braves gens très malins, très bienveillants et très âgés... A Dijon même, il conservait des amitiés précieuses, M. Henri Chabeuf, mort presque nonagénaire, il y a peu d'années, grand savant, grand liseur, gentilhomme d'autrefois, qui écrivit sur mon père des pages admirables ; Victor Prost, un vieux peintre de batailles, comme la province la plus conservatrice n'en abrite plus, tête bien faite et cœur charmant, beaucoup d'autres encore. Par eux, j'ai pu connaître quelques aspects, aujourd'hui perdus, de la France ancienne, son élégante bonhomie, son aisance à la culture, sa noblesse, et il me semble que mon père en avait conservé les meilleurs traits.

Il fit ses premières études à l'Ecole des Beaux-Arts de sa patrie, où il fut admis, je crois, à titre exceptionnel, malgré son extrême jeunesse. Rien, dans une dynastie de meuniers, de médecins, de savants, de notaires, qui peuplent encore aujourd'hui la plaine des Laumes et le pays d'Alise-Sainte-Reine, ne l'y prédisposait, sinon le goût naturel de gens ouverts et bien élevés, mais il obéissait à un impérieux penchant, déjà manifesté dès l'enfance. L'école où il entrait n'était pas un milieu quelconque. Devosge l'avait fondée et y avait maintenu jusqu'à la fin du dix-huitième siècle la tradition d'un bel académisme éclectique. Le romantisme et le Second Empire mirent à sa tête Louis Boulanger. On voudrait saisir les dernières années de cette vie, mêlée à tant d'agitations et à tant de batailles, chère aux poètes, fraternellement unie à celle d'Hugo qui en grava le chiffre, comme sur une écorce séculaire, en tête de quelques-uns de ses poèmes les plus mystérieusement touffus, et retirée enfin dans la cité de Gaspard de la Nuit, dans une vieille ville haute en pignons et en clochers... Cette dispersion des grands romantiques, au soir de leurs combats, dans des retraites provinciales, est touchante. A-t-elle eu pour effet de porter au loin la flamme sacrée ? Il ne semble pas que Boulanger ait exercé d'influence sur la grande jeunesse de mon père, qui en convenait. Pourtant il n'a jamais voulu se donner d'autre titre que celui d'élève de l'Ecole des Beaux-Arts de Dijon ni se réclamer d'une autre discipline. Les bienfaits de ces commencements, c'est qu'ils n'ont pas pesé sur lui, c'est qu'ils ne l'ont pas limité à l'apprentissage étroit, ouvrier, d'une technique. Surtout il ne cessa pas de dessiner, puis de peindre, et, après son départ de Dijon, à la fin du Second Empire et dans les dix années qui suivirent la guerre, de mettre à profit l'étonnante émulation parisienne. Voilà sa période héroïque, période des acharnements nocturnes, des jours bienheureusement consumés dans l'étude d'après nature. Voilà le temps où se forment les grandes amitiés qui font cortège à toute la vie, Lucien Dautrey, bourguignon comme mon père (comme d'autres graveurs, Rajon, Louis Legrand, par exemple), Gustave Geffroy, qui sera bientôt le chef et le maître de la critique indépendante, Geffroy, cette force et cette loyauté, cette âme si humaine, qui unit mon père à d'autres amitiés, Daudet, Clemenceau, Mullem, Vuillard, Carrière, Rodin. Tous deux, ils découvrent Monet à Belle-Ile-en-Mer. De ces noms, dont quelques-uns furent étroitement mêlés à toute une vie et brillèrent sur ma jeunesse, combien sont encore comptés parmi les vivants de la terre ? Voici que deux des plus chers et des plus anciens, Dautrey, Geffroy, à quelques jours d'intervalle, s'effacent, non de nos mémoires, mais des listes de la vie... En perdant les camarades et les témoins d'une existence qui nous fut si chère, c'est elle que nous perdons une fois de plus.

L'eau-forte est un des legs du romantisme, — magnifique héritage. Il n'avait fait qu'en ébaucher la résurrection, mais c'était assez d'avoir retrouvé Rembrandt, Piranèse et Goya, d'avoir donné Paul Huet, Charles Jacque, Daubigny, Meryon, pour doter le siècle d'une puissance d'expression nouvelle. Au moment où la peinture romantique finit par sombrer dans l'équivoque de l'éclectisme, dans l'agrément anecdotique et dans l'archéologie, l'eau-forte en concentre et en décuple les prestiges dans le mysterieux domaine du blanc et du noir.

Elle est un art original et un art d'interprétation et, dans ce dernier cas, elle est encore originale. Interprète des maîtres, elle les transpose dans un autre ordre, qu'ils n'ont pas connu et où ils acquièrent des vertus particulières. Si l'on est tenté de penser autrement, c'est qu'on est prêt à méconnaître un des principes essentiels de l'œuvre d'art, sa *qualité* technique, à annuler d'un seul coup les trois-quarts des anciens, les graveurs du dix-huitième siècle par exemple et, à leur tête, les admirables graveurs de Watteau. Les hommes qui ont fait, il y a soixante années, la renaissance de l'eau-forte, ne la coupaient pas en deux. Elle leur était, non un procédé pour enrichir les portefeuilles de quelques amateurs, mais un énergique moyen de signifier les maîtres et l'univers, le présent et le passé de l'art. Jamais elle ne fut plus belle. Elle avait toutes les ardeurs et toutes les audaces d'un être jeune et, derrière elle, l'autorité des expériences magistrales. Elle était inspiration et caprice, liberté et divination, mais elle était aussi une technique, un secret, une sorte de chimie féerique. Elle attirait à la fois les visionnaires, les fantaisistes, les génies analytiques et les amoureux de toute rareté, car elle avait le précieux de l'objet d'art en même temps que la fulgurante violence d'une révélation.

Mon père vint à elle, non par le prix de Rome, non par le labeur assidûment poursuivi dans quelque officine, comme le faisaient alors ceux qui refusaient de passer par l'atelier des burinistes à l'Ecole des Beaux-Arts, mais librement et d'instinct, en artiste qui a beaucoup dessiné, et de toutes les manières, et qui, malgré l'élan d'une vocation et la séduction d'un art étrange et charmant, sait bien aussi que rien ne s'improvise. Il étudia les maîtres anciens, grava beaucoup et ne cessa de s'enrichir de ses expériences. Le privilège d'apprendre par un professeur, c'est d'avoir de droits commencements, le danger, c'est de s'y limiter. Danger redoutable dans un art dont la technique n'est pas fixée d'avance par une méthode roide comme un catéchisme, invariable comme la fabrication des montres, mais qui s'approfondit, se nuance et se diversifie sans cesse, à mesure qu'on croit la posséder. Ce qui est vrai pour la peinture est peut-être encore plus vrai pour l'eau-forte. Je n'ai pas vu un seul grand graveur qui ne fût le perpétuel inventeur de son métier. Flameng, Waltner, Boilvin nous donnent d'illustres exemples de ces variations et de ces inquiétudes, de cette flexibilité et de cette impatience à la trouvaille.

Mais cet art qui s'enrichit ainsi d'étranges profondeurs et qui recule presque indéfiniment ses limites, il est don et vocation aussi. Si l'on n'en a pas tout d'abord le sens et l'instinct, on ne saurait se l'approprier méthodiquement, par une froide patience, par une discipline de calcul. Il arrive qu'il envahisse presque d'un seul coup ceux qu'il attire, et il leur confère soudain sa tonalité majeure, ses accords les plus audacieux. J'en vois la preuve dans la *Cour de Ferme*, gravée par mon père d'après Millet, une de ses premières planches, et qui désigne déjà un puissant aquafortiste. Vers le même temps, il produisait de charmants paysages originaux, traités d'une pointe souple et robuste, avec un délicat sentiment de l'heure. L'un d'eux, la *Rue des Tanneries* à Dijon, est d'une plus sévère beauté : c'est un de ces aspects de la vie urbaine où je ne sais quel reste de poésie rustique se mêle au cruel attrait de la chose décrépite et à la mélancolie de l'industrie pauvre, de la petite usine, empanachée d'une maigre fumée au-dessus d'un toit caduc. Les morsures y ont cette franchise, cette autorité large qui subsistèrent toujours dans les dessous des autres œuvres et qui confèrent à leurs

premiers états une si belle solidité d'assises. Il me semble que j'y retrouve, non seulement un accent de sensibilité, mais la vigoureuse loyauté d'un caractère. La *Cour de Ferme* est traitée de la même façon, avec cette largeur simple, avec cette émotion directe et intense qui ne s'attarde pas à des futilités d'agrément. Elle semble venue d'un seul trait, sous le coup d'un sentiment fort et, interprétée d'après un pastel, on dirait qu'elle a été conçue pour l'eau-forte : ce sont là les qualités d'une gravure originale, ce sont elles que retrouvaient et aimaient dans cette œuvre les poètes amis du graveur. Rodin avait pour elle une sorte de tendresse, Geffroy aussi, et, parmi les aquafortistes, un maître auquel on ne pense plus assez et qui a laissé des pages admirables de savoir et de fermeté, Gilbert, discerna dans cette harmonie en noir et argent la promesse d'un maîtrise et l'avenir d'un coloriste.

En outre il y avait là l'accord particulier d'un grand artiste et de son interprète et comme une affinité entre eux. Mon père éprouvait une vive admiration pour Millet, pour sa peinture certes, mais, plus encore, pour ses dessins et pour ses eaux-fortes. Il aimait à s'en entourer. On peut dire que le grand poète de la vie rustique a été le plus cher ami et la plus haute émulation de sa vie spirituelle. Il l'a interprété plus d'une fois, tantôt d'après des pages célèbres, tantôt d'après des œuvres moins connues et d'une plus rare intimité de sentiment. On sent à quel point il s'était pénétré de cette sorte de discipline d'amitié. Certains morceaux de ses grandes *Glaneuses*, par exemple, sont à cet égard d'une qualité incomparable, et la *Bergère*, de la collection Chauchard, a toute la tendresse enveloppante et robuste du crayon ou de la pointe de Millet. Que de fois ne l'ai-je pas vu plongé dans ses cartons, en conversation silencieuse avec le grand paysan, ou bien dans la lecture du beau livre de

Sensier, qu'il enrichissait de notes et de documents. Millet, son groupe et les beaux artistes du milieu du dix-neuvième siècle, ceux qui vinrent après Quarante-huit et le romantisme et qui en portèrent sur le front et dans le regard la dernière lueur, c'était là sa famille morale, son cénacle de préférences. Il ne s'est jamais lassé de les étudier et, jusque chez des peintres qui les ont continués avec inégalité, mais qui portent encore en eux de beaux traits des années héroïques, sa sensibilité, son amitié retrouvaient et mettaient en lumière les notes les plus hautes et les plus sympathiques de cette parenté. Ses planches d'après Lhermitte, ses *Communiantes* d'après Jules Breton, d'une exquise fraîcheur d'eau-forte, n'en sont-elles pas les preuves ? Avec Jules Dupré, dont il a magistralement interprété les deux *Soirs* de la collection Thomy-Thiéry, avec Corot, il se trouvait au cœur de cette élite d'amis qu'il s'était choisie et donnée. Peu d'hommes ont mieux connu, mieux senti le grand paysagiste. Ses causeries avec Robaut (qui lui parlait peut-être plus souvent de Dutilleux, son beau-père, le bon peintre artésien) lui rendaient familiers les détails d'une vie qui lui paraissait — avec celle de Millet — la plus belle et la plus poétique de toutes ; plus encore il s'attachait à l'œuvre même ; il la voyait en peintre qu'il était, paisible, sincère dans la finesse de son lyrisme, ému d'affection, tel que le montrent ses études et ses aquarelles de Bourgogne ou d'Ile-de-France, et il a laissé de délicieuses copies de quelques Corot de Lyon. Bien avant la vogue des figures de ce maître, il gravait pour l'Etat la *Toilette*, alors dans la collection Desfossés, avec un charme de tendresse, une qualité argentée de ton, une souplesse colorée toutes dignes de ce maître.

La constante faveur de l'estampe en Angleterre et la renommée des graveurs français multipliaient alors les eaux-fortes d'après les peintres anglais. Modèles inégaux, d'interprétation difficile, qu'un grand art, en les concentrant au blanc et au noir de la gravure, décorait d'une beauté inattendue et d'emprunt. Chauvel, sorti des clairières de Fontainebleau, de l'amitié de Diaz, de Rousseau, de Dupré, de Corot, s'emparait de Leader et infusait à ses agréables paysages la sève vigoureuse, l'ardeur dramatique de nos maîtres : il le rattachait, lui et ses pareils, à la postérité de Constable... Redoutables bienfaits d'un art où l'interprète dépasse le médiocre créateur. C'est peut-être là le trait le plus caractéristique de notre grande école d'aquafortistes, dignes de se mesurer avec les plus illustres des anciens et des modernes et confinés par le goût public et la routine des éditeurs dans des limites étroites, sur un maigre terroir. Mais ces parfaits artistes y trouvaient encore des charmes et, avec une libéralité seigneuriale, s'ingéniaient à y faire briller des ressources et des dons. Transmutation singulière, qui ne peut s'expliquer que chez des possédés d'une belle technique. C'est ici que la gravure apparaît le plus souvent magie... Mon père a beaucoup gravé les Anglais, les maîtres d'abord, les anciens, Gainsborough, Constable, dont il laisse une étincelante petite *Cathédrale de Salisbury,* sous un soir saturé d'orage et parcouru d'un grand trait d'arc-en-ciel ; des peintres de genres, comme Dendy Sadler, inégal héritier de Wilkie et de Mulready ; des paysagistes, depuis le préraphaélite Vicat Cole jusqu'à David Murray ; une œuvre belle et significative, d'un élégant classicisme anglo-saxon, d'Albert Moore, ce peintre sur le souvenir duquel brillent encore l'estime et l'admiration de Whistler ; enfin les marines, chères à ce peuple de navigateurs, lui inspiraient d'après des originaux d'un faible mérite, d'une touche petite et d'un coloris de yachting, des pages d'une austère poésie océanique, où la vague précipite sa densité fluide, où les nuées fuient et bondissent avec le vent.

Une telle variété d'aspects implique une rare souplesse de talent. N'est-ce pas le trait des maîtres graveurs français de la fin du dix-neuvième siécle ? Qu'on ne se hâte pas de la qualifier sommairement comme une virtuosité dépourvue d'accent. Elle est l'expression de la plus pénétrante intelligence et de l'art avec lequel ces servants de l'eau-forte s'appliquaient à faire rendre à une œuvre ce qu'elle pouvait donner dans leur langue. Chaque fois qu'ils rencontraient une possibilité d'eau-forte, si je puis dire, sans trahir, mais en transposant, ils pensaient pouvoir faire œuvre d'artistes, et leur génie analytique, à la fois spirituel et ému, y réussissait le plus souvent. C'est là l'inépuisable attrait d'un Léopold Flameng. Que de commentaires lumineux ne nous donne-t-il pas des grands artistes, respectés dans leur diversité, — et les autres, comme il les sauve ! Mon père, graveur de Millet, a gravé Carrière, Raffaëlli, Henner, il a gravé des vignettes, de charmants petits portraits, qu'il conduisait d'une pointe fine et vive, il a traduit de vastes paysages, noirs et blancs sous l'hiver, roux et dorés dans la luxuriance de l'automne, et il s'est penché sur Meissonier, précieux, précis, savant, plein d'intentions concentrées. Il l'a gravé paysagiste, napoléonien et surtout ami du dix-huitième siècle, car c'est là peut-être que ce romantique du Second Empire, ce Hollandais de 1860 est le plus vrai et nous touche le plus. Le petit *Peintre* à son chevalet, maniant de près son pinceau léger, dans un arrangement d'atelier qui sent la besogne, le désordre et une plaisante fièvre, avec l'individualité de son type physique, les accents bien en place, le dessin qui ne flageole pas, les valeurs qui s'échelonnent dans la variété des gris et des noirs, — c'est un tableau qui n'émeut peut-être pas en nous le sentiment de l'absolu, mais c'est une bien jolie planche.

Un artiste, un interprète de cette sorte a la grande joie de comprendre et la grande joie d'expliquer, — non en commentaires décousus et rapides, mais par une méthode analytique où la science et la sensibilité ont part égale. Ces dessinateurs accomplis, ces intrépides observateurs qui se refusent à tout subterfuge d'escamoteur et dont tous les traits doivent porter, quels critiques ! Ceux-là savent le dessus et le dessous de la peinture, et il leur est interdit de se payer de mots. Mais cette étonnante souplesse à laquelle ils se doivent plier n'altère pas chez les natures vigoureuses le trait du talent et la puissance de la personnalité. Celle de mon père l'inclinait à aimer d'instinct les maîtres dont j'ai parlé, ces peintres qui, placés par leur date entre les romantiques et les modernes, représentent peut-être par leurs œuvres l'essence même du dix-neuvième siècle. Et d'autre part, venu librement à l'eau-forte, l'ayant pratiquée en peintre, il la voyait surtout par la couleur et par l'effet, il n'aimait pas le travail brut de l'outil, ce qu'il a d'impersonnel, de froid et d'ouvrier, il demandait beaucoup à l'acide. Nul n'a plus respecté les grands burinistes d'autrefois, mais il chérissait de tendresse l'eau-forte libre, sa vivacité, sa franchise, sa puissance, son intensité. Il s'attachait à en communiquer l'esprit, la sobriété suggestive à l'interprétation des œuvres de son choix, tout en restant graveur solide et complet, et en respectant cette intégrité d'atmosphère, cette plénitude d'effet sans lesquelles l'eau-forte de reproduction n'est qu'une ossature vide.

C'est ainsi que sa grande planche d'après Fantin-Latour, l'*Hommage à Delacroix,* nous donne peut-être le meilleur témoignage de sa maîtrise. Cette assemblée d'hommes vêtus de noir, répartis avec une monotonie solennelle de chaque côté d'un portrait, quels périls ne faisait-elle pas courir au graveur ! Celui d'une traduction égale et sourde, ponctuée de la tache lumineuse des visages, ou, par contraste, celui d'une fausse vigueur, d'une artificielle variété, avec l'inopportun souvenir de la touche large et brusquée d'un Franz Hals, par exemple. Ici, sur un travail simple et sans recherches de ragoût, s'installent l'enveloppe la plus mystérieuse, la sombre féerie des valeurs, cette poésie physionomique qui reflète des âmes ardentes et attentives, groupées par le peintre des grandes affinités spirituelles pour glorifier leur maître et leur temps. Nulle page peut-être n'est plus émouvante dans les annales du siècle passé. Mon père a longtemps vécu, en gravant leur image, dans la société de ces seigneurs. Même avant ce temps, ils étaient les familiers de ses rêveries et de ses réflexions. Qu'il ait associé pour toujours son nom au leur et à celui du peintre, ce n'est pas un hasard, c'est l'expression de cette force secrète qui nous rassemble et qui nous inspire. Au soir de sa vie, il retrouve, pour la faire jaillir de son cœur et pour s'unir à ces hautes amitiés, mais avec le bienfait de l'existence écoulée et la générosité de ses expériences, le même rayonnement doux et nocturne qu'au temps de la *Cour de Ferme*. Pareille unité n'est pas artifice. Elle sort, non des circonstances, mais de l'âme. Elle est la plus grande beauté d'une carrière d'homme et d'un talent. A des intervalles inégaux, elle se fait sentir par de puissants reliefs, qui attestent la continuité intérieure.

Que mes amis me pardonnent. En parlant de mon père comme ils m'en ont prié, il m'a semblé que je pouvais céder à ces confidences de la pensée et à cette richesse du souvenir sans lesquelles la vie est un parcours bien aride, quand on a perdu son meilleur ami et son maître. Nulle part, je le sais, elles ne pouvaient être mieux à leur place qu'ici, parmi des hommes à qui il était tendrement et fortement attaché. Comme moi, ils l'ont vu vivre, et c'est pourquoi ils l'aimaient. Ils l'ont porté aux honneurs à travers les combats. Leurs vicissitudes, il les a partagées. Les choses dont je parle, ils les connaissent mieux que moi, mais c'est lui qui m'a appris à en discerner le sens, à en chérir la poésie, à en défendre le passé et l'avenir. Comment ne reporterais-je pas sur lui, sur son œuvre, le meilleur de ses enseignements ? Mais l'affection exige quelque chose de plus qu'une analyse ou une étude. Cet élément insaisissable et nécessaire, cette poésie d'humanité, nous les trouvons chez les cœurs fidèles ; pour les aquafortistes, Victor Focillon n'est pas seulement un nom et une œuvre, mais une mémoire : cette constance de leur attachement pour lui est le plus bel éloge de mon père.

Henri FOCILLON.

Imprimé à 75 exemplaires numérotés
(*non mis dans le commerce*)
par Paul Collemant à Paris
le 15 Juin 1927.
L'eau-forte a été tirée en taille-douce
sur les presses de Padovani.

www.ingramcontent.com/pod-product-compliance
Ingram Content Group UK Ltd.
Pitfield, Milton Keynes, MK11 3LW, UK
UKHW020536180726
13839UKWH00006B/2544